T0014595

ÉXTASIS

ÉXTASIS

GABRIELA MISTRAL

Selección de Luna Miguel

POESÍA
PORTÁTIL

CREDO

Creo en mi corazón, ramo de aromas
que mi Señor como una fronda agita,
perfumando de amor toda la vida
y haciéndola bendita.

Creo en mi corazón, el que no pide
nada porque es capaz del sumo ensueño
y abraza en el ensueño lo creado,
¡inmenso dueño!

Creo en mi corazón, que cuando canta
hunde en el Dios profundo el flanco herido,
para subir de la piscina viva
como recién nacido.

Creo en mi corazón, el que tremola
porque lo hizo el que turbó los mares,
y en el que da la vida orquestaciones
como de pleamares.

Creo en mi corazón, el que yo exprimo
para teñir el lienzo de la vida
de rojez o palor, y que le ha hecho
veste encendida.

Creo en mi corazón, el que en la siembra
por el surco sin fin fue acrecentado.
Creo en mi corazón siempre vertido
pero nunca vaciado.

Creo en mi corazón en que el gusano
no ha de morder, pues mellará a la muerte;
creo en mi corazón, el reclinado
en el pecho del Dios terrible y fuerte.

AMO AMOR

Anda libre en el surco, bate el ala en el viento,
late vivo en el sol y se prende al pinar.
No te vale olvidarlo como al mal pensamiento:
    ¡le tendrás que escuchar!

Habla lengua de bronce y habla lengua de ave,
ruegos tímidos, imperativos de mar.
No te vale ponerle gesto audaz, ceño grave:
    ¡lo tendrás que hospedar!

Gasta trazas de dueño; no le ablandan excusas.
Rasga vasos de flor, hiende el hondo glaciar.
No te vale el decirle que albergarlo rehúsas:
    ¡lo tendrás que hospedar!

Tiene argucias sutiles en la réplica fina,
argumentos de sabios, pero en voz de mujer.
Ciencia humana te salva, menos ciencia divina:
    ¡le tendrás que creer!

Te echa venda de lino; tú la venda toleras.
Te ofrece el brazo cálido, no le sabes huir.
Echa a andar, tú le sigues hechizada aunque vieras
　　　¡que eso para en morir!

EL AMOR QUE CALLA

Si yo te odiara, mi odio te daría
en las palabras, rotundo y seguro;
¡pero te amo y mi amor no se confía
a este hablar de los hombres, tan oscuro!

Tú lo quisieras vuelto un alarido,
y viene de tan hondo que ha deshecho
su quemante raudal, desfallecido,
antes de la garganta, antes del pecho.

Estoy lo mismo que estanque colmado
y te parezco un surtidor inerte.
¡Todo por mi callar atribulado
que es más atroz que el entrar en la muerte!

ÉXTASIS

Ahora, Cristo, bájame los párpados,
pon en la boca escarcha,
que están de sobra ya todas las horas
y fueron dichas todas las palabras.

Me miró, nos miramos en silencio
mucho tiempo, clavadas,
como en la muerte, las pupilas. Todo
el estupor que blanquea las caras
en la agonía, albeaba nuestros rostros.
¡Tras de ese instante, ya no resta nada!

Me habló convulsamente;
le hablé, rotas, cortadas
de plenitud, tribulación y angustia,
las confusas palabras.
Le hablé de su destino y mi destino,
amasijo fatal de sangre y lágrimas.

Después de esto, ¡lo sé!, ¡no queda nada!
¡Nada! Ningún perfume que no sea
diluido al rodar sobre mi cara.

Mi oído está cerrado,
mi boca está sellada.
¡Qué va a tener razón de ser ahora
para mis ojos en la tierra pálida!,
¡ni las rosas sangrientas
ni las nieves calladas!

Por eso es que te pido,
Cristo, al que no clamé de hambre angustiada:
ahora, para mis pulsos,
y mis párpados baja.

Defiéndeme del viento
la carne en que rodaron sus palabras;
líbrame de la luz brutal del día
que ya viene, esta imagen.
Recíbeme, voy plena,
¡tan plena voy como tierra inundada!

ÍNTIMA

Tú no oprimas mis manos.
Llegará el duradero
tiempo de reposar con mucho polvo
y sombra en los entretejidos dedos.

Y dirías: «No puedo
amarla, porque ya se desgranaron
como mieses sus dedos».

Tú no beses mi boca.
Vendrá el instante lleno
de luz menguada, en que estaré sin labios
sobre un mojado suelo.

Y dirías: «La amé, pero no puedo
amarla más, ahora que no aspira
el olor de retamas de mi beso».

Y me angustiara oyéndote,
y hablaras loco y ciego,

que mi mano será sobre tu frente
cuando rompan mis dedos,
y bajará sobre tu cara llena
de ansia mi aliento.

No me toques, por tanto. Mentiría
al decir que te entrego
mi amor en estos brazos extendidos,
en mi boca, en mi cuello,
y tú, al creer que lo bebiste todo,
te engañarías como un niño ciego.

Porque mi amor no es solo esta gavilla
reacia y fatigada de mi cuerpo,
que tiembla entera al roce del cilicio
y que se me rezaga en todo vuelo.

Es lo que está en el beso, y no es el labio;
lo que rompe la voz, y no es el pecho:
¡es un viento de Dios, que pasa hendiéndome
el gajo de las carnes, volandero!

COPLAS

Todo adquiere en mi boca
un sabor persistente de lágrimas:
el manjar cotidiano, la trova
y hasta la plegaria.

Yo no tengo otro oficio,
después del callado de amarte,
que este oficio de lágrimas, duro,
que tú me dejaste.

¡Ojos apretados
de calientes lágrimas!
¡Boca atribulada y convulsa,
en que todo se me hace plegaria!

¡Tengo una vergüenza
de vivir de este modo cobarde!
¡Ni voy en tu busca
ni consigo tampoco olvidarte!

¡Un remordimiento me sangra
de mirar un cielo
que no ven tus ojos,
de palpar las rosas
que sustenta la cal de tus huesos!

¡Carne de miseria,
gajo vergonzante, muerto de fatiga,
que no baja a dormir a tu lado,
que se aprieta, trémulo,
al impuro pezón de la vida!

CERAS ETERNAS

¡Ah! Nunca más conocerá tu boca
la vergüenza del beso que chorreaba
concupiscencia, ¡como espesa lava!

Vuelven a ser dos pétalos nacientes,
esponjados de miel nueva, los labios
que yo quise inocentes.

¡Ah! Nunca más conocerán tus brazos
el nudo horrible que en mis días puso
oscuro horror: ¡el nudo de otro abrazo!

Por el sosiego puros,
quedaron en la tierra distendidos,
¡ya Dios mío seguros!

¡Ah! Nunca más tus dos iris cegados
tendrán un rostro descompuesto, rojo
de lascivia, ¡en sus vidrios dibujado!

¡Benditas ceras fuertes,
ceras heladas, ceras eternales
y duras, de la muerte!

¡Bendito toque sabio,
con que apretaron ojos, con que apegaron brazos,
con que juntaron labios!

¡Duras ceras benditas,
ya no hay brasa de besos lujuriosos
que os quiebren, que os desgasten, que os derritan!

CIMA

La hora de la tarde, la que pone
su sangre en las montañas.

Alguien en esta hora está sufriendo;
una pierde, angustiada,
en este atardecer el solo pecho
contra el cual estrechaba.

Hay algún corazón en donde moja
la tarde aquella cima ensangrentada.

El valle ya está en sombra
y se llena de calma.
Pero mira de lo hondo que se enciende
de rojez la montaña.

Yo me pongo a cantar siempre a esta hora
mi invariable canción atribulada.
¿Seré yo la que baño
la cumbre de escarlata?

Llevo a mi corazón la mano, y siento
que mi costado mana.

ME HA BESADO

A doña Luisa Fernández
de García-Huidobro

Me ha besado y ya soy otra: otra, por el latido que duplica el de mis venas; otra, por el aliento que se percibe entre mi aliento.

Mi vientre ya es noble como mi corazón...

Y hasta encuentro en mi hálito una exhalación de flores: ¡todo por aquel que descansa en mis entrañas blandamente, como el rocío sobre la hierba!

LA HERMANA

Hoy he visto una mujer abriendo un surco. Sus caderas están henchidas, como las mías, por el amor, y hacía su faena curvada sobre el suelo.

He acariciado su cintura; la he traído conmigo. Beberá la leche espesa de mi mismo vaso y gozará de la sombra de mis corredores, que va grávida de gravidez de amor. Y si mi seno no es generoso, mi hijo allegará al suyo, rico, sus labios.

ESTOY LLORANDO

Me has dicho que me amas, y estoy llorando. Me has dicho que pasarás conmigo entre tus brazos por los valles del mundo.

Me has apuñalado con la dicha no esperada. Pudiste dármela gota a gota, como el agua al enfermo, ¡y me pusiste a beber en el torrente!

Caída en tierra, estaré llorando hasta que el alma comprenda. Han escuchado mis sentidos, mi rostro, mi corazón: mi alma no acaba de comprender.

Muerta la tarde divina, volveré vacilando hacia mi casa, apoyándome en los troncos del camino… Es la senda que hice esta mañana, y no la voy a reconocer. Miraré con asombro el cielo, el valle, los techos de la aldea, y les preguntaré su nombre, porque he olvidado toda la vida.

Mañana me sentaré en el lecho y pediré que me llamen, para oír mi nombre y creer. Y volveré a estallar en llanto. ¡Me has apuñalado con la dicha!

AUSENCIA

Se va de ti mi cuerpo gota a gota.
Se va mi cara en un óleo sordo;
se van mis manos en azogue suelto;
se van mis pies en dos tiempos de polvo.

¡Se te va todo, se nos va todo!

Se va mi voz, que te hacía campana
cerrada a cuanto no somos nosotros.
Se van mis gestos que se devanaban
en lanzaderas, delante de tus ojos.
Y se te va la mirada que entrega,
cuando te mira, el enebro y el olmo.

Me voy de ti con tus mismos alientos:
como humedad de tu cuerpo evaporo.
Me voy de ti con vigilia y con sueño,
y en tu recuerdo más fiel ya me borro.
Y en tu memoria me vuelvo como esos
que no nacieron en llanos ni en sotos.

Sangre sería y me fuese en las palmas
de tu labor, y en tu boca de mosto.
Tu entraña fuera, y sería quemada
en marchas tuyas que nunca más oigo,
y en tu pasión que retumba en la noche
como demencia de los mares solos.

¡Se nos va todo, se nos va todo!

CANTO QUE AMABAS

Yo canto lo que tú amabas, vida mía,
por si te acercas y escuchas, vida mía,
por si te acuerdas del mundo que viviste
al atardecer yo canto, sombra mía.

Yo no quiero enmudecer, vida mía,
¿cómo sin mi grito fiel me hallarías?
¿Cuál señal, cuál me declara, vida mía?
Soy la misma que fue tuya, vida mía.

Ni lenta ni trascordada, ni perdida.
Acude al anochecer, vida mía;
ven recordando un canto, vida mía,
si la canción reconoces de aprendida
y si mi nombre recuerdas todavía.

Te espero sin plazo y sin tiempo.
No temas noche, neblina ni aguacero.
Ven igual con sendero o sin sendero.
Llámame a donde eres, alma mía,
y marcha recto hacia mí, compañero.

AMANECER

Hincho mi corazón para que entre
como cascada ardiente el universo.
El nuevo día llega y su llegada
me deja sin aliento.
Canto como la gruta que es colmada,
canto mi día nuevo.

Por la gracia perdida y recobrada
humilde soy sin dar y recibiendo
hasta que la Gorgona de la noche
va, derrotada, huyendo.

ATARDECER

Siento mi corazón en la dulzura
fundirse como ceras:
son un óleo tardo
y no un vino mis venas,
y siento que mi vida se va huyendo,
callada y dulce como la gacela.

NOCHE

Las montañas se deshacen,
el ganado se ha perdido;
el sol regresa a su fragua:
todo el mundo se va huido.

Se va borrando la huerta,
la granja se ha sumergido
y mi cordillera sume
su cumbre y su grito vivo.

Las criaturas resbalan
de soslayo hacia el olvido,
y también los dos rodamos
hacia la noche, mi niño.

RAÍCES

Estoy metida en la noche
de estas raíces amargas,
ciegas, iguales y en pie
que como ciegas, son hermanas.

Sueñan, sueñan, hacen el sueño
y a la copa mandan la fábula.
Oyen los vientos, oyen los pinos
y no suben a saber nada.

Los pinos tienen su nombre
y sus siervas no descansan,
y por eso pasa mi mano
con piedad por sus espaldas.

Apretadas y revueltas,
las raíces alimañas
me miran con unos ojos
de peces que no se cansan;
preocupada estoy con ellas
que, silenciosas, me abrazan.

Abajo son los silencios.
En las copas son las fábulas.
Del sol fueron heridas
y bajaron a esta patria.
No sé quién las haya herido
que al rozarlas doy con llagas.

Quiero aprender lo que oyen
para estar tan arrobadas.
Paso entre ellas y mis mejillas
se manchan de tierra mojada.

DELIRIOS

Acérquenme la luz a mi ventana,
quiero mirar el mar, mirar el sol,
contemplar el albor de la mañana,
ver cómo a su fulgor se abre la flor.

Quiero aspirar la brisa de la tarde
que viene a perfumarse en mi jardín,
sentir su beso en mi frente que arde,
llena por una inspiración sin fin.

Acérquenme hacia allá, quieren mis ojos,
mirar la noche, darle mi dolor,
contarle mis tristezas, mis enojos,
y que llore en su sombra mi corazón.

Quiero sentir el canto de las aves,
mirar los cielos con su manto azul
y en el silencio, engrandeciente y grave,
cantar mi desolada juventud.

Quiero escuchar las quejas de las olas,
ver la lívida tarde agonizar,
vagar como antes por la playa sola
y muchas cosas preguntarle al mar.

Si he de morir, quiero morir cantando
al campo y a sus flores, y al dolor.
¿No veis que junto al lecho está velando
la sublime y amante inspiración?

¡Quiero morir la lira contra el pecho,
el ensueño en la mente como flor
y que miren mis ojos desde el lecho
el alba, el mar, el campo, el cielo, el sol!

EL CORAZÓN

Viña fresca y metálica,
la de racimos rojos,
tengo mejor racimo
que me adensa los ojos.

En l'áspera hora ardiente
mi corazón de sangre
se exprime, fresco y vivo,
debajo de mi carne.

Tuvo lagar infame
y cruel exprimidura:
mi racimo profundo
es más roja hermosura.

Ve si tu negra cepa
de fuego retorcido
me da un racimo nuevo
para que arda mi vida.

Un racimo de fuego
que queme mi garganta.
Mi sangre como copa
del ansia se levanta.

MEDIODÍA

Hincho mi corazón para que entre
como cascada ardiente el universo.
Y entre la creación y su hendidura
me deja sin aliento.
Me quejo como larga ruta henchida,
gimo de contenerlo.

Y el universo se suaviza todo
en mi, tal como el aire prisionero
en la paloma, debajo del cuello.

La comunión me quema;
blanca estoy sustentando lo tremendo.
Los crisoles se funden
sin tener este fuego.

HIMNO AL AIRE

Ábreme tu pecho, hombre, déjame a ti llegar
trayendo el alma múltiple de lo que he poseído.
Aún me mojan los élitros las lágrimas del mar
y en mi besar se aspira el rosal florido.

Ábrete entero. Así los lotos de cien hojas.
Y vive en mí como ellos viven sobre las aguas,
y me entre por tus venas como por brechas rojas
a encenderte la vida como se encienden fraguas.

Yo te doy una cita de amor junto a la mar
o en la umbría, si gustas de los templos cubiertos.
Deja para buscarme la huesa de tu hogar.
¡La techumbre mejor son los cielos abiertos!

Cuando en los claros álamos me sentiste cantar
y en el molino que abre sus pétalos cautivos,
cuando grité enflorando sus lomos a la mar,
era a ti a quien llamaba con mis pañuelos vivos…

Era a ti a quien clamaba que me abrieras tus puertas
selladas, cual las tapas de las tumbas eternas,
para pintarte encima de las pupilas muertas
la frescura que pinto sobre las hojas tiernas.

Por ti dejé la cumbre florida en maravillas
y escurriéndome por las azules cuchillas,
quebrándome los élitros, bajé a los llanos quedos,
¡y por palparte el rostro me perfumé los dedos!

Cuando a campo traviesa, invisible viandante,
voy de bocas humanas que me beban en pos,
¿no sientes en el toque de mis alas fragantes
el toque del enorme abanico de Dios?

Deja tu techo odioso que no me deja amarte,
deja la ciudad negra donde me encanallaron;
trae tu copa exhausta en donde renovarte
el gozo de vivir del que te despojaron.

Cree en mí con beato ardor, místicamente,
y déjame insuflarte nueva alma y nueva esencia;
que te cambie el espíritu, y la carne y la mente,
cuya triple fatiga mancille la existencia.

Llámame la pureza y llámame el amor,
porque es gesto de amor mi ancha ala estremecida;
dame los nombres fuertes que suenan a vigor
y los nombres excelsos que trascienden a vida.

Mío: tú como el cofre rosado de la flor;
mío como el pañuelo suelto de los follajes;
mío como la ola de irisados encajes;
mío: tú, criatura y yo, renovador.

Como el follaje,
como la flor,
como el oleaje,
soy tuyo, ¡oh, perfumado viajero, aire señor!

VOLVERLO A VER

¿Y nunca, nunca más, ni en noches llenas
de temblor de astros, ni en las alboradas
vírgenes, ni en las tardes inmoladas?

¿Al margen de ningún sendero pálido,
que ciñe el campo, al margen de ninguna
fontana trémula, blanca de luna?

¿Bajo las trenzaduras de la selva,
donde llamándolo me ha anochecido,
ni en la gruta que vuelve mi alarido?

¡Oh, no! ¡Volverlo a ver, no importa dónde,
en remansos de cielo o en vórtice hervidor,
bajo unas lunas plácidas o en un cárdeno horror!

¡Y ser con él todas las primaveras
y los inviernos, en un angustiado
nudo, en torno a su cuello ensangrentado!

LA SAGRADA LEY

Dicen que la vida ha menguado en mi cuerpo, que mis venas se vertieron como los lagares: ¡yo solo siento el alivio del pecho después de un gran suspiro!

—¿Quién soy yo, me digo, para tener un hijo en mis rodillas?

Y yo misma me respondo:

—Una que amó, y cuyo amor pidió, al recibir el beso, la eternidad.

Me mire la tierra con este hijo en los brazos, y me bendiga, pues ya estoy fecunda y sagrada, como las palmas y los surcos.

LA MUJER FUERTE

Me acuerdo de tu rostro que se fijó en mis días,
mujer de saya azul y de tostada frente,
que en mi niñez y sobre mi tierra de ambrosía
vi abrir el surco negro en un abril ardiente.

Alzaba en la taberna, ebrio, la copa impura
el que te apegó un hijo al pecho de azucena,
y bajo ese recucrdo, que te era quemadura,
caía la simiente de tu mano, serena.

Segar te vi en enero los trigos de tu hijo,
y sin comprender tuve en ti los ojos fijos,
agrandados al par de maravilla y llanto.

Y el lodo de tus pies todavía besara,
porque entre cien mundanas no he encontrado tu cara,
¡y aún tu sombra en los surcos la sigo con mi canto!

EL CANTO DEL JUSTO

Pecho, el de mi Cristo,
más que los ocasos,
más, ensangrentado:
¡desde que te he visto
mi sangre he secado!

Mano de mi Cristo,
que como otro párpado
tajeada llora:
¡desde que te he visto
la mía no implora!

Brazos de mi Cristo,
brazos extendidos
sin ningún rechazo:
¡desde que os he visto
existe mi abrazo!

Costado de Cristo,
otro labio abierto

regando la vida:
¡desde que te he visto
rasgué mis heridas!

Mirada de Cristo,
por no ver su cuerpo,
al cielo elevada:
¡desde que te he visto
no miro mi vida
que va ensangrentada!

Cuerpo de mi Cristo,
te miro pendiente,
aún crucificado.
¡Yo cantaré cuando
te hayan desclavado!

¿Cuándo será? ¿Cuándo?
¡Dos mil años hace
que espero a tus plantas,
y espero llorando!

EL SUPLICIO

Tengo ha veinte años en la carne hundido
    —y es caliente el puñal—
un verso enorme, un verso con cimeras
    de pleamar.
De albergarlo sumisa, las entrañas
    cansa su majestad.
¿Con esta pobre boca que ha mentido
    se ha de cantar?
Las palabras caducas de los hombres
    no han el calor
de sus lenguas de fuego, de su viva
    tremolación.
Como un hijo, con cuajo de mi sangre
    se sustenta él,
y un hijo no bebió más sangre en seno
    de una mujer.
¡Terrible don! ¡Socarradura larga
    que hace aullar!
El que vino a clavarlo en mis entrañas,
    ¡tenga piedad!

A LA VIRGEN DE LA COLINA

A beber luz en la colina,
te pusieron por lirio abierto,
y te cae una mano fina
hacia el álamo de mi huerto.

Y he venido a vivir mis días
aquí, bajo de tus pies blancos.
A mi puerta desnuda y fría
echa sombra tu mismo manto.

Por las noches lava el rocío
tus mejillas como una flor.
¡Si una noche este pecho mío
me quisiera lavar tu amor!

Más espeso que el musgo oscuro
de las grutas mis culpas son;
es más terco, te lo aseguro,
que tu peña, ¡mi corazón!

¡Y qué esquiva para tus bienes
y qué amarga hasta cuando amé!
El que duerme, rotas las sienes,
era mi alma, ¡y no lo salvé!

Pura, pura la Magdalena
que amó ingenua en la claridad.
Yo mi amor escondí en mis venas.
¡Para mí no ha de haber piedad!

¡Oh, creyendo haber dado tanto
ver que un vaso de hieles di!
El que vierto es tardío llanto.
Por no haber llorado, ¡ay de mí!

Madre mía, pero tú sabes:
más me hirieron de lo que herí.
En tu abierto manto no cabe
la salmuera que yo bebí;

en tus manos no me sacudo
las espinas que hay en mi sien.
¡Si a tu cuello mi pena anudo
te pudiera ahogar también!

¡Cuánta luz las mañanas traen!
Ya no gozo de su zafir.
Tus rodillas no más me atraen
como al niño que ha de dormir.

Y aunque siempre las sendas llaman
y recuerdan mi paso audaz,
tu regazo tan solo se ama
porque ya no se marcha más...

Ahora estoy dando verso y llanto
a la lumbre de tu mirar.
Me hace sombra tu mismo manto.
Si tú quieres, me he de limpiar.

Si me llamas subo el repecho
y a tu peña voy a caer.
Tú me guardas contra tu pecho.
(Los del valle no han de saber...).

La inquietud de la muerte ahora
turba mi alma al anochecer.
Miedo extraño en mis carnes mora.
¡Si tú callas, qué voy a hacer!

ELOGIO DE LA CANCIÓN

¡Boca temblorosa,
boca de canción:
boca, la de Teócrito
y de Salomón!

La mayor caricia
que recibe el mundo,
abrazo el más vivo,
beso el más profundo.

Es el beso ardiente
de una canción:
la de Anacreonte
o de Salomón.

Como el pino mana
su resina suave,
como va espesándose
el plumón del ave,

entre las entrañas
se hace la canción,
y un hombre la vierte
blanco de pasión.

Todo ha sido sorbo
para las canciones:
cielo, tierra, mares,
civilizaciones...

Cabe el mundo entero
en una canción:
se trenza hecha mirto
con el corazón.

Alabo las bocas
que dieron canción:
la de Omar Khayyam,
la de Salomón.

Hombre, carne ciega,
el rostro levanta
a la maravilla
del hombre que canta.

Todo lo que tú amas
en tierra y en cielo,
está entre tus labios
pálidos de anhelo.

Y cuando te pones
su canto a escuchar,
tus entrañas se hacen
vivas como el mar.

Vivió en el Anáhuac,
también en Sion:
es Netzahualcoyotl
como Salomón.

Aguijón de abeja
lleva la canción:
aunque va enmielada
punza de aflicción.

Reyes y mendigos
mecen sus rodillas:
él mueve sus almas
como las gavillas.

Amad al que trae
boca de canción:
el cantor es madre
de la creación.

Se llamó Petrarca,
se llama Tagore:
numerosos nombres
del inmenso amor.

ENVÍO

México, te alabo
en esta garganta
porque hecha de limo
de tus ríos canta.

Paisaje de Anáhuac,
suave amor eterno,
en estas estrofas
te has hecho falerno.

Al que te ha cantado
digo bendición:
¡por Netzahualcoyotl
y por Salomón!

POEMA DEL HIJO

A Alfonsina Storni

I

¡Un hijo, un hijo, un hijo! Yo quise un hijo tuyo
y mío, allá en los días del éxtasis ardiente,
en los que hasta mis huesos temblaron de tu arrullo
y un ancho resplandor creció sobre mi frente.

Decía: ¡un hijo!, como el árbol conmovido
de primavera alarga sus yemas hacia el cielo.
¡Un hijo con los ojos de Cristo engrandecidos,
la frente de estupor y los labios de anhelo!

Sus brazos en guirnalda a mi cuello trenzados;
el río de mi vida bajando hacia él, fecundo,
y mis entrañas como perfume derramado
ungiendo con su marcha las colinas del mundo.

Al cruzar una madre grávida, la miramos
con los labios convulsos y los ojos de ruego,
cuando en las multitudes con nuestro amor pasamos.
¡Y un niño de ojos dulces nos dejó como ciegos!

En las noches, insomne de dicha y de visiones,
la lujuria de fuego no descendió a mi lecho.
Para el que nacería vestido de canciones
yo extendía mi brazo, yo ahuecaba mi pecho…

El sol no parecíame, para bañarlo, intenso;
mirándome, yo odié, por toscas, mis rodillas;
mi corazón, confuso, temblaba al don inmenso;
¡y un llanto de humildad regaba mis mejillas!

Y no temí a la muerte, disgregadora impura;
los ojos de él libraran los tuyos de la nada,
y a la mañana espléndida o a la luz insegura
yo hubiera caminado bajo de esa mirada…

II

Ahora tengo treinta años, y en mis sienes jaspea
la ceniza precoz de la muerte. En mis días,

como la lluvia eterna de los Polos, gotea
la amargura con lágrima lenta, salobre y fría.

Mientras arde la llama del pino, sosegada,
mirando a mis entrañas pienso qué hubiera sido
un hijo mío, infante con mi boca cansada,
mi amargo corazón y mi voz de vencido.

Y con tu corazón, el fruto de veneno,
y tus labios que hubieran otra vez renegado.
Cuarenta lunas él no durmiera en mi seno,
que solo por ser tuyo me hubiese abandonado.

Y en qué huertas en flor, junto a qué aguas corrientes
lavara, en primavera, su sangre de mi pena,
si fui triste en las landas y en las tierras clementes,
y en toda tarde mística hablaría en sus venas.

Y el horror de que un día con la boca quemante
de rencor, me dijera lo que dije a mi padre:
«¿Por qué ha sido fecunda tu carne sollozante
y se henchieron de néctar los pechos de mi madre?».

Siento el amargo goce de que duermas abajo
en tu lecho de tierra, y un hijo no meciera

mi mano, por dormir yo también sin trabajos
y sin remordimientos, bajo una zarza fiera.

Porque yo no cerrara los párpados, y loca
escuchase a través de la muerte, y me hincara,
deshechas las rodillas, retorcida la boca,
si lo viera pasar con mi fiebre en su cara.

Y la tregua de Dios a mí no descendiera:
en la carne inocente me hirieran los malvados,
y por la eternidad mis venas exprimieran
sobre mis hijos de ojos y de frente extasiados.

¡Bendito pecho mío en que a mis gentes hundo
y bendito mi vientre en que mi raza muere!
La cara de mi madre ya no irá por el mundo
ni su voz sobre el viento, trocada en miserere.

La selva hecha cenizas retoñará cien veces
y caerá cien veces, bajo el hacha, madura.
Caeré para no alzarme en el mes de las mieses;
conmigo entran los míos a la noche que dura.

Y como si pagara la deuda de una raza,
taladran los dolores mi pecho cual colmena.

Vivo una vida entera en cada hora que pasa;
como el río hacia el mar, van amargas mis venas.

Mis pobres muertos miran el sol y los ponientes,
con un ansia tremenda, porque ya en mí se ciegan.
Se me cansan los labios de las preces fervientes
que antes que yo enmudezca por mi canción entregan.

No sembré por mi troje, no enseñé para hacerme
un brazo con amor para la hora postrera,
cuando mi cuello roto no pueda sostenerme
y mi mano tantee la sábana ligera.

Apacenté los hijos ajenos, colmé el troje
con los trigos divinos, y solo de Ti espero,
¡Padre Nuestro que estás en los cielos! Recoge
mi cabeza mendiga si en esta noche muero.

MADRE MÍA

I

Mi madre era pequeñita
como la menta o la hierba;
apenas echaba sombra
sobre las cosas, apenas,
y la tierra la quería
por sentírsela ligera
y porque le sonreía
en la dicha y en la pena.

Los niños se la querían,
y los viejos y la hierba;
y la luz que ama la gracia,
y la busca y la corteja.

A causa de ella será
este amar lo que no se alza,
lo que sin rumor camina
y silenciosamente habla:

las hierbas aparragadas
y el espíritu del agua.

¿A quién se la estoy contando
desde la tierra extranjera?
A las mañanas la digo
para que se le parezcan:
y en mi ruta interminable
voy contándola a la tierra.

Y cuando es que viene y llega
una voz que lejos canta,
perdidamente la sigo,
y camino sin hallarla.

¿Por qué la llevaron tan
lejos que no se la alcanza?
Y si me acudía siempre,
¿por qué no responde y baja?

¿Quién lleva su forma ahora
para salir a encontrarla?
Tan lejos camina ella que
su aguda voz no alcanza.

Mis días los apresuro
como quien oye llamada.

II

Esta noche que está llena
de ti, solo a ti entregada,
aunque estés sin tiempo tómala,
siéntela, óyela, alcánzala.
Del día que acaba queda
nada más que espera y ansia.

Algo viene de muy lejos,
algo acude, algo adelanta;
sin forma ni rumor viene,
pero de llegar no acaba.
Y aunque viene así de recta,
¿por qué camina y no alcanza?

III

Eres tú la que camina,
en lo leve y en lo cauta.
Llega, llega, llega al fin,

la más fiel y más amada.
¿Qué te falta donde moras?
¿Es tu río, es tu montaña?
¿O soy yo misma la que
sin entender se retarda?

No me retiene la tierra
ni el mar que como tú canta;
no me sujetan auroras
ni crepúsculos que fallan.

Estoy sola con la noche,
la Osa Mayor, la Balanza,
por creer que en esta paz
puede viajar tu palabra
y romperla mi respiro,
y mi grito ahuyentarla.

Vienes, madre, vienes, llegas,
también así, no llamada.
Acepta el volver a ver
y oír la noche olvidada
en la cual quedamos huérfanos
y sin rumbo y sin mirada.

Padece pedrusco, escarcha,
y espumas alborotadas.
Por amor a tu hija acepta
oír búho y marejada,
pero no hagas el retorno
sin llevarme a tu morada.

IV

Así, allega, dame el rostro,
y una palabra siseada.
Y si no me llevas, dura
en esta noche. No partas,
que aunque tú no me respondas
todo esta noche es palabra:
rostro, siseo, silencio
y el hervir la Vía Láctea.

Así… así… más todavía.
Dura, que no ha amanecido.
Tampoco es noche cerrada.
Es adelgazarse el tiempo
y ser las dos igualadas,

y volverse la quietud
tránsito lento a la patria.

                    V

Será esto, madre, di,
la eternidad arribada,
el acabarse los días
y ser el siglo nonada,
y entre un vivir y un morir
no desear, de lo asombradas.
¿A qué más si nos tenemos
ni tardías ni mudadas?

¿Cómo esto fue, cómo vino,
cómo es que dura y no pasa?
No lo quiero demandar;
voy entendiendo, azorada,
con lloro y con balbuceo,
y se funden las palabras
que me diste y que me dieron
en una sola y ferviente:
«¡Gracias, gracias, gracias, gracias!».

EL REGRESO

Desnudos volveremos a nuestro Dueño,
manchados como el cordero
de matorrales, gredas, caminos,
y desnudos volveremos al abra
cuya luz nos muestra desnudos:
y la patria del arribo
nos mira fija y asombrada.

Pero nunca fuimos soltados
del coro de las potencias
y de las dominaciones,
y nombre nunca tuvimos,
pues los nombres son del Único.

Soñamos madres y hermanos,
rueda de noches y días,
y jamás abandonamos
aquel día sin soslayo.
Creímos cantar, rendirnos
y después seguir el canto;

pero tan solo ha existido
este himno sin relajo.

Y nunca fuimos soldados,
ni maestros ni aprendices,
pues vagamente supimos
que jugábamos al tiempo
siendo hijos de lo eterno.
Y nunca esta patria dejamos,
y lo demás, sueños han sido,
juegos de niños en patio inmenso:
fiestas, luchas, amores, lutos.

Y la muerte fue mentira
que la boca silabeaba;
muertes en lechos o caminos,
en los mares o en las costas;
pequeñas muertes en que cerrábamos
ojos que nunca se cerraron.

Dormidos hicimos rutas
y a ninguna parte arribábamos,
y al ángel guardián rendimos
con partidas y regresos.

Y los ángeles reían
nuestros dolores y nuestras dichas
y nuestras búsquedas y hallazgos
y nuestros pobres duelos y triunfos.

Caíamos y levantábamos,
cocida la cara de llanto,
y lo reído y lo llorado,
y las rutas y los senderos,
y las partidas y los regresos,
las hacían con nosotros,
el costado en el costado.

Mandaban y obedecíamos
con rostro iracundo o dichoso,
y el arribo no llegaba
y unas dichas casquivanas
si asomaban, no descendían.

Y los oficios jadeados
nunca, nunca los aprendíamos:
el cantar, cuando era el canto,
en la garganta roto nacía.

Y solo en el sueño profundo
como en piedra santa dormíamos
y algo soñábamos que entendíamos
para olvidarlo al otro día...
Y recitábamos Padrenuestros
a los ángeles que sonreían.

De la jornada a la jornada
jugando a la huerta, a ronda, o canto,
al oficio sin maestro,
a la marcha sin camino,
y a los nombres sin las cosas
y a la partida sin el arribo
fuimos niños, fuimos niños,
inconstantes y desvariados.

Y baldíos regresamos,
¡tan rendidos y sin logro!,
balbuceando nombres de «patrias»
a las que nunca arribamos.
Y nos llamaban forasteros,
¡y nunca hijos, y nunca hijas!

Papel certificado por el Forest Stewardship Council®

Primera edición: marzo de 2023

© 2023, Penguin Random House Grupo Editorial, S.A.U.
Travessera de Gràcia, 47-49. 08021 Barcelona
© 2023, Luna Miguel, por la selección

Printed in Spain – Impreso en España

ISBN: 978-84-397-3854-1
Depósito legal: B-690-2023

Compuesto en La Nueva Edimac, S. L.
Impreso en Gómez Aparicio, S. L. (Casarrubuelos, Madrid)

RH38541